JN408955

신이 쓴 시

신이 쓴 시

The poem written by God

坪竹 김 성 호 제6시집

도서출판 천우

시집이 아닌 시를 보내며…

시인이 되면 시집을 적게는 두 권 많게는 세권정도 내면 좋겠다는 꿈을 가지고 있었습니다. 시집을 여러 권 내보니 시집 발행 수가 중요한 것이 아니고 시의 깊이 내지는 완성도가 중요하다는 생각을 하게 됩니다. 이것도 소통될 수 없는 글이라면 무의미하지만…

예전과 달리 지금은 책을 내기가 많이 좋아진 것 또한 사실입니다. 여섯 번째 시집을 내면서 시집 횟수를 의식하지 않기로 했습니다. 시를 좋아하는 지인들과 이웃들 더 나아가 다양한 매체를 통해 알게 된 독자들과의 소통의 의무만을 생각하기로 했습니다.

시인은 시를 써야 하고 소통의 기회를 얻어야 하는데 소통은 어찌 보면 독자를 위한다기보다 자신의 존재를 확인하는 중요한 삶의 방식이 아닌가 싶습니다.

5년 전부터 꽃. 특히 야생화와 가까이하면서 시의 많은 부분이 꽃하고의 대화로 이루어졌습니다. 꽃을 만나면서 미지의 세계를 경험하고 많은 깨달음을 얻는데 그러한 것들이 지금의 저에게 큰 힘이 되고 있고 인생의 지향점이 되고 있다는 말씀을 하고 싶습니다.

책을 낼 때마다 느끼는 부족함도 이제는 떨쳐버리고 죽는 그날까지 책을 낼 수 있으면 그보다 더한 광영이 없다는 생각으로 시인으로서의 삶을 뚜벅뚜벅 걸어가겠습니다. 제 시를 접한 여러분은 축복받은 삶이고 저 또한 축복받은 삶입니다!

다시 한번 시집을 낼 수 있도록 격려해 주신 여러분께 머리 숙여 감사의 인사를 올립니다!

2018년 9월

안산의 우거에서

김 성 호

제1부

우화에 대한 진실

제2부

나무와 사람

제3부

꽃에게 길을 묻다

제1부

우화에 대한 진실

이륙

아지랑이 먼저 찾아와
아우성치는
공항의 아스팔트 위일지라도
이별을 위한 너의 날갯짓은
슬프기보다 장엄하였다
그 짧은 시간의 몸짓으로
우린 많은 시간을 견뎌야 하고
떨어져 살아가야 하겠기에
꽃과 나비의 정사 같은
기억들을 떨쳐내려 하는
비상을 위한 너의 몸짓은
운명을 거역하려는
마지막 춤사위 같았다.

우화에 대한 진실

너의 이름 불러주지 않고
이 여름을 떠나보낸다면
나의 가을은 오지 않기에
간절한 마음을 나무에 내다건다
매년 매미 우는 소리를 듣지만
너는 칠 년 만에 찾아오는
언제나 처음 보는 귀한 객이다
좋은 계절 마다하고 더운 여름에
매미가 노래하고 싶어
세상에 짜앙 짜앙 짱하며
나왔다고 생각하면 잘못이다
짧은 생애를 살다 가더라도
그의 노래를 들어줄 친구들이
여름을 견디고 있어서다.

갑질하지 않겠습니다

요즈음 갑질해대는 사람들로
온통 세상이 시끄러워
갑질하지마라는 제목으로 글을 썼다
이왕이면 너도 세상에 나가
그런 사람들을 꾸짖으라고
집을 주어 세상에 내놓으려다가
그만 슬그머니 책에서 뺐다
네가 나가서 갑질하지마 외치고 다니면
너 또한 갑질하는 꼴이기에 말이다
피하거나 미처 도망갈 수 없는
얼마나 많은 미물과 풀에게
사람이란 이유로 신이라도 된 듯
짓밟아 상처를 입혔던가
그들의 생명마저 간섭하지 않았던가
앞으로는 갑질하지마라는 말 대신
갑질하지 않도록 하겠습니다.

가장 큰 그림

제주는 섬이 아니었다
내가 본 그림 중
가장 큰 그림이었다
북태평양 가장 평화로운 곳에 걸린
가장 큰 그림

섬 해변서 피리의 음색처럼
가늘게 흔들리며 반기던
청잣빛 작은 뚜껑별꽃이지만
큰 그림 속에서 찾는 것이
생각만큼 어렵지 않았다

큰 그림 속을 한발 한 발짝
걸어가면서
그림을 완성시켜 나갔다
영원히 미완성으로 남을
가장 큰 그림 제주도(圖)

그림은 보는 것이지
말이나 글로 표현하는 게 아니다
더군다나
불후의 가장 큰 그림은….

추억은 별이다

추억은 별이 되어
하늘에 박힌다
기억하고 싶지 않은 별은
빛을 잃어 희미하고
아름다운 추억은
하늘을 볼 때마다
찬란하게 반짝거린다

가슴속 어딘가에
아픈 추억이 있다면
슬픈 눈을 한 별이
흔들릴 것이고
아름다운 추억이라면
타악기보다 큰 목소리로
나를 흔들어놓고
밤하늘을 깨워
추억들을 쏟아낸다.

눈[雪]

어둠 속에서 피어난 꽃
피었다가 바로 지는 꽃이라
식물도감에도 없는 꽃

눈을 볼 수 있는 나라에
태어난 것에 감사하고
다시 태어나고 싶은 이유가 있다면
눈을 보고 싶어서일 거다

어둠 속에서 들려오는 가락
시끄러운 세상을 고요하게 만든다
눈은 황홀한 노래요
아름다운 순백의 꽃이다

신의 부름을 받는 날에
세상에 나가 무엇을 보고 왔느냐고
묻는다면
눈을 보고 왔다고 말하리
그래서 내 인생은 아름다웠고
황홀했노라고….

그만큼만

그만큼 나이를 먹었다는 것은
자신이 걸어가고 있는 뒷모습에
그만큼의 흔적을 보이며 가는 것이다
뒷모습이 아름답다는 것은
그만큼 삶을 잘 살았다는 물증이다
수많은 야생화에 마음을 주었어도
남바람꽃만큼 뒤태가 아름다운 꽃을
일찍이 나는 보지 못했다
너만큼은 시늉도 낼 수 없겠지만
내가 살아온 그만큼만
아름다운 뒷모습을 간직하고서
가끔은 들키며 살아가고 싶다.

고수부지

연속극에 한강이 나오면
고수부지는 그림을 그린다
실연과 좌절의 아픔으로
무너질 것 같은 긴 그림자가
가로등처럼 넋 놓고 서 있는 곳
홍수로 물이 넘치면
씻겨 내려갈 눈물 자국들이
여기저기 얼룩져 있는 곳
지우고 싶은 가슴의 상처를
자연스럽게 씻어 보내기에는
고수부지만한 장소가 없다
홍수가 나 물이 정화되면
아픈 기억들이 쓸려가는 곳
고수부지를 찾는 이유다.

유모차

요즘 유모차를 아기엄마가 아닌
할머니들이 끌고 다닌다
옛날 같으면 상상도 못 할 일이
도회지 골목에서 벌어지고 있다
저출산으로 국가의 미래가
불투명하다고 하니까 할머니들까지
유모차를 동원하고 나선 것일까
그런데 유모차에 아기는 없고
폐지만 하나 가득 타고 앉아있다
아기 울음소리가 들리지 않는
동네 골목의 건조한 하루는
대책 없이 늙어만 가고 있다.

상실의 시대

낭만이 거리와 바다에 있지 못하고
잡초가 우거진 무덤가에 꽃으로 피었고
은유가 바다의 물고기처럼 반짝이지 못하고
쓰레기 매립장에 썩은 뼈가 되어 밟힌다
사랑이 거래가 되는 인간 시장에서는
순수한 사랑의 그림자조차 웃음거리가 되고
자연을 목적으로 보지 않고 수단으로 대하는
가벼운 행위들에게서 미래의 짐을 본다
성형은 창조가 아니라 신을 모독하는 일로
또 다른 원죄를 추가하는 일이다
상실의 시대가 남긴 유산들을 경계하라
신발의 높이가 끝없이 하늘을 찌르고
짧아진 팬츠가 허리춤을 향해 달려가는
가벼운 행위들 또한 상실의 시대를 말하는
상실의 다른 모습임을 알아야 한다.

종교의 가면

차별적 삶에 중독된 사람들은
신은 무차별함에도
차별해 달라고 기도한다
종교는 평등과 정의에 어긋나는
행동을 인정하고 당연시한다
신을 믿는 사람들은 신이
완전하지 않다고 생각하는가 보다

만각(晩覺)

나는 내가 잘나서
시인이 되고
사진작가가 된 줄 알았다
내 부모가 없고 이웃이 없고
계절을 밝혀주는 눈부신 꽃들과
새들이 찾아와 쉬게 해주는 나무들
어떤 유혹에도 굴하지 않는
한결같은 산속의 바위가 없었다면
내가 어찌 시인이 되고
사진을 찍는 사람이 되었을까
이제 한 계단 더 마음을 내려놓고
내가 사랑하는 사람들 앞에
대가 없이 펼쳐진 자연 앞에
벌거숭이가 되어
인생을 노래해야겠다.

시간을 요리하다

산다는 것은 시간을 요리하는 것
모두가 올려다볼 수 있는
견고하고 멋진 시간의 탑을 쌓을 수도 있고
지치고 힘든 영혼이 치유 받을 수 있는
꽃의 정원을 넓히고 가꿀 수도 있다
탑은 어느 한구석이라도 썩은 곳이 있다면
균열이 생겨 순식간에 무너질 수 있으니
치장이나 과시보다는 튼실한 시간의 벽돌로
시나브로 쌓아 올려야 할 것이다
사철 꽃이 피었다가 지는 꽃의 정원에는
많은 요리재료들이 넘쳐나기 때문에
삶을 요리하는 데는 꽃의 정원만큼
맛있고 살맛 나는 곳은 없을 거다.

보는 시 읽는 시

요즘은 시를 읽는 게 아니라
보는 사람들이 많다
읽어도 무슨 뜻인지 모르니
눈으로라도 읽어두겠다는
지성인인 척하는 태도가
시를 더 어렵게 만들어 버렸다
시는 먹을 수 있어야지
눈요기만 시켜서는 안 된다
시는 장식이 돼서도 안 되고
영혼이 걸어가는 힘이어야 한다
읽는 시가 아닌 보는 시는
입을 수 있는 옷이 아닌
쇼윈도의 마네킹 옷과 같다.

시의 집

시를 모아 엮은 책을
시집이라고 말하기보다
시가 모여 사는 집
시의 집이라 부르고 싶다
언제부턴가 시의 집에
사람들의 발길이 끊어지고
시가 빛을 보지 못한 채
감금되어 살아가고 있다
볕이 잘 드는 창 달린
집이 되지 못하고
언제부턴가 시의 집은
시의 유배지가 되었다.

웃음의 미학

웃음은 빛의 언어이다
웃음은 신의 언어이다
웃음은 최고의 보석이다
웃음은 최고의 의사이다
웃음은 최고의 휴식이다
웃음은 믿음이다
웃음은 희망이다
웃음은 사랑이다
웃음은 삶의 묘약이기에
웃음을 모르는 사람은
모든 걸 잃은 사람이다.

시제(時制)

과거와 현재 그리고 미래는
시간의 문제가 아니다
과거와 현재는 기억의 유무로
우리가 기억하고 있는 것은 현재고
얼마 전 일이라 할지라도
기억하지 못하는 것은 과거다
미래는 현재 가지고 있는
기억에 대한 미완성의 보상이다
입체감을 느끼기 위해서는
기다림이라는 감정적 시간이 아니라
기억의 날개라 할 수 있는
상상력의 시야가 중요하다
우리는 시간을 살아가는 것이 아니라
존재의 의미인 기억이란 배에 실려
항해하는 피조물들인 것이다.

폭우

폭우는 강도짓을 하기 전에
선전포고를 한다
번쩍번쩍 날 선 검을 들고
세상에서 가장 큰 북소리를 내며
찾아오기 때문이다
물 폭탄에 재산이 날아가고
생명까지 빼앗기면서도
신에게조차 하소연할 수가 없다
세상에서 가장 큰 북을 치며
가장 빠른 광선 검을 든 그가
신이 아니면 누구겠는가
인간이 신에게 강도짓 하라고
빌미를 준 것이 잘못이지.

우화의 현실

바다에 사는 거북이가
뭍에서 토끼를 이긴다는
허무맹랑한 얘기다
바다에서는 누가 이길까
또 거북이가 이긴다고
생각하면 착각이고 오류다
가장 빠른 배를 타고
바다를 씽씽 달리고 있는
토끼를 상상해 봐라
수영 실력만 믿고 방심한
거북이의 참패는
우화가 아닌 현실이다.

화병의 꽃

화병의 꽃이 시들어도
향기는 좀체 걷히지 않았다
말라 배배 틀어지면서
볼품없이 오그라져
자신이 무슨 꽃이었는지
겨우 형체만 유지하고 있었지만
속절없이 몸이 꺾이어
화병에 처음 잡혀 올 때보다
자신의 존재를 더 알리고 싶어
더 진한 향기를 내뿜으며
몸부림치느라 땀을
얼마나 많이 쏟아내는지
평소보다 화병의 물을
더 자주 갈아주어야 했다.

순수 고독

새 울음소리조차 귀한
깊은 계곡 언저리에 핀 너
얼마나 외로웠으면
나를 더 반기는 것 같다
꽃은 사람과 달리
욕심이 없어
외로움을 덜 타긴 하지만
눈길 한번 받지 못하고
세상과 이별하기는
정작 서글펐던 거겠지
순수 고독으로 피워 올린
너의 자태를 보며
무상의 시간을 갖는다.

매미 우는 숲길을 걸으며

매미 우는 숲길을 걸으며
끝이 없을 것 같은 그들의
화려한 절정의 노래를
난 단 한 번도 시끄럽다는
생각을 한 적이 없다
올해도 잊지 않고
여름의 교향시를 들려주는
조물주에게 감사할 따름이다
바로크 시대의 군더더기 없는
명징한 선율을
따로 연주회에 가지 않아도
들을 수 있어 행복하고
매미 우는 소리에 취하면
고향의 미루나무 신작로가
완행버스가 할퀴고 간 뒤로
달려들던 흙먼지가 보인다.

열대야

며칠째 열대야 때문에
잠을 잘 수 없었다는 말
이젠 얘깃거리가 안된다
며칠이 아니라 몇 주째
열대야에 잡혀
수청을 들어야 하는 처지다 보니
타락한 온기 열대야는
공포의 대상이 되어버렸다
시간이란 해결사에 의해
보이지 않는 벌레들이
온몸에 달라붙어 혼을 파먹던
저주에서 풀려나긴 했지만
이처럼 가을이
반갑고 고마운 계절이란 것을
새삼 깨닫게 해준 너는
늑대의 탈을 쓰고 나타난
양의 다른 모습이었어.

호기심

호기심 많던 어린 시절
나이 먹어가면서 그 호기심들도
하나둘씩 내게 먹혀갔다
그러면서 언제부턴가 나의 생각들이
육화되기 시작했고
내 안에 갇힌 호기심들이
무거워지면서 더 이상 날지를 못했다
철이 들기 시작하면
호기심도 점점 사라져 가듯
모두와의 인연도 희석되어갔다
인생에 있어
지고의 즐거움 중 하나가
호기심을 많이 갖고 사는 것이다
모든 것이 신비로워 보일 때
삶은 풍요롭고
세상이 아름답기 때문이다.

추억 쌓기

추억을 다시 꺼내
추억을 쌓는 일
슬픈 추억을 불러와
기쁜 추억으로 만든다는 건
화해와 용서의 시간을
갖는 것이기도 하다
사랑할 수 있는 시간
화해와 용서를 할 수 있는
시간이 많지 않기에
추억을 쌓는 일에
망설일 이유가 없다
죽음 앞에서 내가 기억하는
모든 추억들이
아름다운 추억이기를
간절히 소망한다
죽어서 가지고 갈 것이
더 있다면 몰라도….

귀신도 웃더라

언제부턴가 굶어 죽는 사람보다
잘 먹어 병 걸려 죽는 사람이 더 많다
못 먹어 굶어 죽으면 뉴스에 뜨지만
너무 잘 먹어 죽었다고
뉴스에 나올 기회를 얻진 못한다
온몸에 낀 기름 때문에
잘 걷지 못하다가 숨도 못 쉬고
죽은 귀신이 많은 데도
더 먹겠다고 더 가져야겠다고
천륜도 인륜도 저버리고
상식과 양심마저 땅속에 묻고 사는
살아있는 귀신들로 세상은 비좁다
죽지 않고 영원히 살 것처럼
삶을 우습게 보는 사람들을 보고
어처구니없는지 귀신도 웃더라.

사람의 노래

산속에는 두 가지 노래가 있다
장조의 화려한 음을 가지고
등산객의 발걸음을 유혹하는
검은등뻐꾸기의 4음절 노래가 있고
단조의 음울한 선율로
산을 찾는 사람들의 숨긴 사연을
용케 알아내 5음절로 불러내는
멧비둘기 노래가 그것이다
어느 한쪽만을 고집하지 않으면서
기분 좋을 땐 장조의 소리를 내고
우울할 땐 단조의 소리도 내는
인간적인 삶의 애환이 담긴
사람이 부르는 노래가 난 좋다.

당신

세상에서 가장 아름다운 소리는
나에게 걸어오는 당신의 발걸음입니다
세상에서 가장 아름다운 꽃은
질리지 않는 당신의 미소입니다
세상에서 가장 아름다운 길은
낮에도 별이 뜨는 당신의 눈길이고
세상에서 가장 아름다운 꿈은
당신과 내가 빛으로 살아가는 겁니다
세상에서 가장 아름다운 풍경은
당신과 내가 노을 진 바닷가에서
흰머리를 기대고 걸어가는 모습입니다
세상에서 가장 아름다운 땅은
나의 모든 걸 짊어진 당신의 등입니다
세상에서 가장 아름다운 말은
나를 사랑하는 당신 당신 당신….

사랑할수록 눈물이 납니다

당신을 생각하면 돌연 생각이 멈춥니다
정지하면 달리는 것이 있지요
어느새 눈물이 처마 밑 낙수가 되고
흐르고 흘러 어디선가 폭포수가 되어
당신이 있는 곳으로 달려가고 있겠지요
사랑할수록 눈물이 나는 이유를
이제야 알 것 같습니다 눈물이
당신을 보고 싶은 마지막 언어라는 것을요
마지막 언어는 행동보다 더 강합니다
당신을 향해 달려가고 있는 눈물바다에
나를 어지럽히던 많은 생각들이 빠져
힘을 내지 못하고 물속으로 가라앉습니다
당신을 사랑하면서 흘리는 눈물이
나를 존재하게 하고 기쁨을 줍니다
당신을 사랑하는 일이 내겐 축복입니다
눈물을 흘리지 않고는
더 이상 사랑하는 것이 힘든 줄 알기에
사랑할수록 눈물이 더 나는 가 봅니다.

사랑은 기적이다

이생에서 당신을 만나지 못했다면
나의 생은 너무 허무했을 겁니다
당신을 만나고 나서
나는 동화 속으로 들어갔습니다
살얼음판을 건너던 시간들도
당신을 만나고 나서
다투어서 화해의 손을 내밀었습니다
이제는 살아가는 것이
사랑을 하기 위해서라고
자신 있게 말할 수 있게 되었음을
신과 당신께 감사드립니다
이생에서 당신을 만난 것은
내 삶에 기적이 일어난 것입니다.

사랑을 하려면

계절이 바뀔 때 언제 바뀌었는지
모르는 것이 좋은 것처럼
사랑의 감정도 자신은 모르게
조용히 찾아오는 것이 좋다
계절은 오고 가면서 경계가 없듯
사랑을 시작하면서
눈에 보이는 것에 너무 집착하거나
손에 잡히는 것을 너무 믿지 말자
갑작스레 계절이 바뀌는 것은
자연이 상실되어가고 있다는 경고다
사람과 사람의 인연에도
상실의 아픔은 대가가 큰 법이니
사랑을 하려면 하나의 색으로
시나브로 물들어가는 것이 좋다.

비가(悲歌)

아픈 곳 찬바람이 툭 치고 지나가네
약한 곳 여물라면 몇 해는 더 지나야
설익은 사랑 노래만 낙엽처럼 쌓이네.

보물섬

내 나이 쉰아홉이 돼서야
제주 땅을 밟을 수 있었다
언젠가 한 번 가보겠지 하면서도
너무 짙은 안개 속 삶이라
막연한 기대밖에 할 게 없었다
함께 걸었던 천생의 인연을
죽는 날까지 품고 갈 것이다
가슴에서 제자리걸음만 치던
밀월의 땅 꿈의 땅인 탐라를
사랑하는 사람과 함께했으니
내 생애 꿈 하나를 이룬 셈
죽기 전엔 늦은 것이 없다는 것
섬. 제주 땅에서 내가 캐온
생애 최고의 보물이 되었다.

붓꽃 피는 계절

붓꽃으로 편지를 쓰면
쪽빛보다 더 진한
내 마음 전할 수 있나요

붓꽃으로 시를 쓰면
붓꽃 요정이 걸어 나와
악기를 연주해주나요

붓꽃을 띄워 보내면
무심한 저 강물도
파문을 그리며 화답하나요

붓꽃 피는 계절에는
러브레터도 쓰고
음악 같은 시도 쓰고
미소 같은 파문도
곱게 그려보고 싶어요.

제2부

나무와 사람

노동의 신

담쟁이의 발을 본 적이 있는가
잎마다 발을 가지고
나중 난 잎이 담을 오를 수 있도록
자신의 위치를 지켜주므로
실수 없이 담을 오르게 해준다
잎의 수만큼이나 무수한 발은
고단한 담쟁이 삶의 흔적이긴 해도
담쟁이란 이름을 갖게 하였고
절망의 벽을 두드리는 손이기도 하다
노동의 신이라 불러도 좋은
그의 무수한 발을 보면서
나의 발은 몇 개일까 고민했다.

인간 노회찬

그는 정치인이 아니고 시인이었다
그보다 더 피부에 와 닿는 은유를 말한 시인을 봤는가
그는 정치인이 아니고 용접공이었다
그보다 더 불꽃처럼 노동운동을 한 사람을 보았는가
그는 오물들이 넘쳐나는 정치판을
비유를 빌려 정화를 하려 했고
그는 돈 비린내가 진동하는 재벌들과 싸우기 위해
목숨을 건 승부도 마다하지 않았다
우리는 그의 돈키호테 같은 무모함과 용기와
위트와 해학에 숨은 비수 같은 말들로
혹한의 추위를 만나도 외투를 입은 거나 다름없었고
폭염의 무더위에서도 갈증을 견뎌낼 수 있었다
그는 정치인이 아니었기에
진정한 정치인이 될 수 있었던 사람이다
인간 노회찬을 잃은 우린 근신 중이다.

노란 리본

어느 죄수에게 노란 리본은
희망의 물결이었지만
세월호 참사가 있은 뒤 노란 리본은
슬픔의 상징이 되어버렸다
그들 영전을 지나며
꽃다운 아이들의 티 없이
해맑은 얼굴을 보면서
많은 눈물을 삼켜야 했다
너희들이 무슨 죄가 있는가
있다면 어른들을 믿은 죄
아직 성년이 되지 못한 너희들이
어른을 안 믿으면
누구를 믿어야 옳았겠는가
죄가 있다면 돈에 눈이 먼
어른들의 잘못이지
미안하다 용서해다오 아이들아
너희들 죽음이 헛되지 않도록
이제라도 정신 차려서
그 많은 노란 리본이 나비가 되어
너희들 곁을 찾아갈 수 있게
희망의 물결을 보여주겠다.

황금연못

고충건물은 그림자도 길다
그 깊이와 길이를 잴 수 있는
신의 권력을 가진 자는
그 그림자에서 금을 캔다

푸른 기와집에는 연못이 있다
물속에서도 숨 쉴 수 있는
신비한 능력을 가진 저들만 사는
연못의 색깔이 언제부턴가
황금색을 띠기 시작했다

더 덥고 더 춥게 느껴져
하루해를 정해진 시간보다
더 길게 견디며 사는 사람들이
황금연못을 구경하려면
파란 안경을 써야만 한다.

또 하나의 세상

사람과 사람이 이어져
희망의 젖줄이 살아있는
붉은 파도가 너울대고
민중들의 외침은
하늘을 두드려 깨우고
땅속에서 잠자던
대지의 여신을 소환해
이 땅의 주인이
누구인가를 묻고 있었다
하늘이 화답하고
땅의 주인도 입을 열어
너희들이 주인이라고
집회를 축복해 주었다
촛불 민심은 우리가 만든
또 하나의 세상이다.

그날의 꽃들에게

호우에 제 몸 가누기조차
힘들어하면서도
피어보지도 못하고 떨군
그날의 꽃들에게
미안한 마음 전하느라
비를 의식하지 않는 것 같다
오월에 쏟아진 장대비에
네 모습 다 보여주진 못해도
너는 한 떨기 꽃으로 피어
사랑을 받고 있지 않느냐
죽어서 책처럼 기억되고
쏟아지는 별빛의 언어 같은
사랑을 받은 들
지금의 너만 하겠느냐
미안한 마음 전하려
고개도 못 들고 울고 있는
너에게 내 마음도 보탠다.

서해에서 압록강을 보다

압록강을 보기 전에는
서해에서 압록강을 볼 수 없었으나
압록강을 보고 와서는
서해에서 압록강의 물줄기를 보았다
동해가 친구 같고 애인 같다면
서해는 부모형제 같은 곳이다
압록강은 혈육을 만나러
부단히 흐르고 흘러왔으리라
압록강을 보고 와서는
파도 소리에서 사람의 소리를 들었다
서해에서 부모형제를 부르는
압록강을 볼 수 있었다.

나무와 사람

지구의 피부에 생채기 내고
빛을 본 나무는
운이 다하는 날까지
빚진 마음으로 삽니다
모태에 상처를 남기고 태어나
세상 빛을 보며 사는 사람도
나무와 다를 것이 없는데
자신이 어떻게 왔는지 망각한 채
빚진 마음을 잊고 삽니다
나무처럼 살아야 하는데
어떤 변명도 필요 없습니다.

소리쟁이

아직 여름이 가려면 멀었는데
벌써 너의 몸뚱이는 녹슬었구나
이름처럼 살아보겠다고
얼마나 소리를 질러댔으면
파릇했던 그 목소린 어디 가고
땅속 깊은 곳에서 올라오는
어둡고 쓸쓸한 소리를 내느냐
아직도 할 말이 많이 남았는지
땅을 찢는 햇빛의 위협에도
스쳐 가는 바람을 불러 세워
자신의 존재를 알리려 애쓰는
바쁜 너의 모습에서 나를 본다.

바람이 다니는 길

사람이 다니는 길이 있고
차가 다니는 길이 따로 있으니
바람이 다니는 길도 있다
사람과 차가 다니는 길은
사람의 수고로 만들어지지만
바람이 다니는 길은
신이 산책하는 길이다
우연히 그 길목에 들어섰다면
가던 길을 멈추고
신에게 대화를 청해볼 일이다
마음이 소쇄해지고
육신이 평안을 찾았다면
당신은 신과 친구가 된 것이다.

죽는다는 것

나이가 해를 먹어감에 따라
기억력은 금이 간 독에서
물이 새듯 서서히 빠져나간다
죽는다는 것은
기억을 잃는다는 것과 같다
죽는 날까지 마지막으로
내가 기억하고 있는 사람이
사랑하는 나의 아내이고 싶다
욕심을 더 부리자면
부모와 형제 가까웠던 친구 정도
기억하고 죽었으면 좋겠다
이도 저도 다 허락이 안 되면
나를 세상에 보낸 조물주
그분만이라도 기억하고 싶다
내 기억을 온전히 가지고 계신
그분의 이름을 부르며
세상과 작별할 수 있다면
죽음이 두렵지 않을 것이다.

시간의 양면성

세월이 나를 삼킨 건지
내가 시간을 마신 건지
그에 대한 답은 현실이다
근데 그렇지만 않은 것이
시간을 채찍질하며
말처럼 달려온 사람들 중에도
현실이 너무 초라한 경우를
우리는 너무 많이 봐왔다
시간의 차별적 몸짓
그 부조리한 시간의 춤사위에
항의조차 한 번 못하고
살아내야 하는 많은 인생들
그들을 받아주기는커녕
타락한 시간과 공모하여
되레 짓밟는 자들이야말로
신성해야 할 시간을
날로 먹으려는 자들이다.

고독을 요리하다

무심한 아침이 찾아오면
고독이 나를 깨워
하루가 끌려가던 날이 있었다
하루는 내가 고독을 깨워
그에게 하루의 짐을 지게하고
고독 뒤에 숨었다
나는 업힌 채 고독 혼자서
하루를 요리하는 것을
훔쳐보는 재미에 빠졌다
요리가 맛이 있든지 없든지
철저히 나를 무시했더니
고독은 보채지 않고
저 혼자서도 잘 놀더라.

목판화

목판화는 겨울 냄새가 난다
구석에 웅크려 앉아있던 검둥이
하늘을 향해 서너 번 짖어대니
눈이 쏟아지기 시작했다
소리가 여백을 채워가는
목판화에서는 겨울이 따듯하다
사람을 조각하기는 까다롭다
사람은 소리를 내면서
변신을 거듭해가기 때문이다
열창을 하고 있는 여인의 입술에
바람의 색채가 들어왔단 나가고
세상은 생각 없이 찍힌다
사람이 사는 목판화의 거리는
길이 더 어둡고 겨울이 길다.

시는 신이 되어야 한다

삶이 막막할 때면 나는 시를 쓴다
내 이웃이 아파할 때도 시를 쓴다
그래서 내가 쓰는 시는
막다른 골목에 갇혀 깜깜할 때
고양이의 발톱과 눈이 되어야 하고
흔들리는 그림자 속에서도
빛의 통로를 찾는 등불이어야 한다
자신만의 화려한 세상을 꿈꾸며
나와 내 이웃을 떠난 시는 시가 아니다
시는 보여주는 것이 아니고
세속과 거래하는 무기어서도 안 되고
스쳐 지나가는 바람이어서도 안 되고
나에게서 안개를 거둬 가주고
내 이웃에게서는 고통을 잊게 하는
기적을 부르는 신이 되어야 한다.

무효선언

들꽃 없는 봄은 상상이 안 된다
매미의 구애를 받지 못하고 여름이 가면
그해 여름은 무효다
가을빛에 잎들이 화장을 하지 않으면
그해 가을 또한 무효다
한해를 살면서 몰래몰래 지은 죄
감싸고 덮어줄 눈이 내리지 않으면
그해 겨울도 무효다
잔치국수에 고명이 빠지면 무효고
만두에 돼지비계가 씹히지 않아도 무효다
재판정에 가면 무효가 넘치지만
내 인생에 무효선언이란 없다.

귀뚜라미 냉장고

기름을 사용하던 시절
경고음으로 보일러에서 나던
귀뚜라미 소리가
가스를 사용하기 시작하면서
사라져 갔는데 대신
우리 집에선 냉장고가
귀뚜라미 소리를 낸다
사철 귀뚜라미 우는 소리를
듣고 사는 셈이다.
어느 해보다 무더웠던 올여름
냉장고에서 들려오는
귀뚜라미 소리를 들으면서
가을을 많이 생각했다
냉장고에도 계절이 있다면
가을 어디쯤을 걷는 걸까
눈보라 치는 한겨울에도 넌
귀뚜라미 소리를 내며
가을의 향수를 부르겠지.

냉장고의 눈물

이별할 때가 된 줄 알고
달기똥 같은 눈물을 흘리는
너를 보고 있으려니 심란하다
냉장고가 노령에 접어들자
힘이 부치는지 아픈 곳이 있는지
울기 시작했는데
주인이 시끄럽다 할까 봐
어디서 귀뚜라미 우는 소리를 배워서는
사철 울어대더니
이제는 대놓고 눈물을 흘리며
이별을 준비하고 있었다
우리 집에 시집와서는
나의 입맛과 건강을 지키느라
하루를, 단 한 시간을 못 쉬면서도
불평 없이 동고동락해주던 너도
나이 앞에서는 어쩌지 못하고
눈물로 이별을 고하는구나.

계절의 경계

겨울과 봄의 경계가
눈 녹이는 흙담이었다면

봄에서 여름의 경계는
뽑힌 말뚝들이 담을 지킨다

여름과 가을의 경계는
가파른 언덕길을 내려가는
노인의 등짝과 같고

가을에서 겨울의 경계는
들여다보기도 싫은
벼랑에선 마음이다

겨울에서 봄으로 가려면
저 절벽에
꽃을 피우는 일이다.

이월

마음엔 벌써 봄이 와있는데
아직도 외투를 걸치고 있는 나는
눈치 없는 달이 되고 말았다
달력도 입춘을 말하며
이월을 거짓말쟁이로 만든다
이월이 빨리지나 가기를
닦달하는 소리가 겨울을 등에 진
바람 소리보다 크게 들린다
죄인처럼 내가 지나가야
가슴을 풀어헤친 삼월의 몸에서
꽃소식도 들려주기 때문이다
하루라도 빨리 물러나야 하는
짧은 생을 고집하는 이유다.

봄은 어디서 오는가

나이가 더해가면서 계절과 자연을
더 많이 느끼고 가깝게 다가설 수 있었다
떼를 지어 사정없이 휘갈기던 바람이
흩어지기 시작하면서 겨울도
힘을 잃고 등을 보이기 시작했고
겨우내 잠들었던 대지가
비를 맞으면서 비린 숨을 토해내기 시작했다
어느 계절보다 땅의 냄새를
진하게 느낄 수 있는 때가 봄이다
때로는 향수를 자극하기도 하고
엄니의 젖내를 기억하게 해
메마른 육신에 생기를 돌려준다
봄은 바람과 비 그리고 대지의 가슴에서
가난한 사람들에게 먼저 찾아온다.

봄소식

봄은 찾아오는 것이지
찾아가는 것이 아니다
사랑도 이와 다르지 않다
사계절 중
짝사랑을 가장 많이 받는 계절이
봄. 봄일 것이다
남쪽 나라로 가는 열차에
긴 시간 몸을 맡긴다고
봄이 우리 곁에 왔다고
잠시 착각할 수는 있겠지만
찾아가 구애하지 않아도
웃으며 달려와 안기는
봄소식이 그리운 날이다.

뻐꾸기 소리

어릴 적 재 넘어오던
뻐꾸기 우는 소리는
가보지 못한 공간을 만들고
막연하게 피어나는
그리움 또한 실체가 없는
피안의 세상을 열어주는
신비한 문이기도 했다

도회지를 잠시 벗어나
반갑게 듣는 뻐꾸기 소리는
절박한 서신을 물고 우는
간절함이고 현실이었다
점점 더 희미해지는 것들의
안타까움이 커가는 곳에서
나를 부르는 목소리.

여름 환상곡

반짝반짝 빛나는 개울의 물빛은
플루트의 소리를 내고
앞산 언덕배기 숲에 숨어
그리움을 토해내는 뻐꾸기 소리는
호른을 연주하고
신작로 가에 열병해 있는
미루나무에 숨어서
여름의 오르가슴을 재촉하는
매미는 바이올린 주자다
토담 너머로 할머니를 부르시는
할아버지의 목소리는
낡은 오보에 대신이고
방학 책 들고 신나게 달려 나오는
초등생들의 가벼운 발걸음은
경쾌한 피아노 G 음을 연주한다.

가을의 계시

도시를 돔 지붕처럼 덮고 있는
구름 한 점 없는 가을하늘은
신의 결백을 말하고 있지 않는가
땅에 의지하는 식물들도
이때부터 옷을 벗기 시작하며
결백을 주장하느라 하루해가 짧다
사람들은 반대로 옷을 꺼내
입기 시작하는 때이기도 하다
산다는 것이
가려야 하거나 감출 것을
더 키워가는 것이기에
옷을 꺼내 입을 때는 알면서도
마음의 때를 벗어야 하는
참회의 시간은 망각하고 산다.

가을에 오신 당신

들꽃이 부스스 얼굴을 내밀고
새소리 유난히 반짝거리며
자연의 마법이 문을 열게 하는
주체할 수 없는 봄을 놓치고

서러운 꽃자리에 열매를 그리려
노래하다가 지친 새들의 꿈에
마지막 음계를 넣으러 오셨나요

신의 마법도 힘을 잃은 계절
모든 것이 고스란히 옷을 벗은 채
숨으려 해도 숨을 곳이 없고
감추려 해도 감출 것이 없는

그런 가을을 사랑하시는 당신
내가 사랑할 수밖에 없는 당신.

가을엔 사랑을 말해요

옷이 벗겨지는 나무를
따듯한 눈으로 보아주지 않으면
내년에는 파란 숲을
볼 수 없을지도 모릅니다
모든 것이 옷을 벗는 시간
사랑의 말로 감싸주어야
내년 봄이 웃으며 찾아온답니다
잘 익은 열매를 가득 지고
가을을 노래하는 이웃도 있겠지만
자갈길을 열심히 걸었어도
텅 빈 곳간에 눈을 주지 못하는
형제들이 더 많답니다
가을에 사랑을 말하지 않으면
모든 것을 잃는답니다.

11월

11월은 하늘과 땅이 같은 달
천지가 소통할 수 있는 길이 열리면서
여느 달보다 생각이 많은 달이다
11월을 눕히면 너와 내가 같아지고
다리가 놓여 소통의 길이 열린다
따스한 온기가 다리를 건너와
서리 맞은 꽃에도 밟히는 낙엽에도
따듯한 마음들이 실렸으면 좋겠다
한해의 끝을 바라보는 마음들이
삶과 죽음의 의미를 되새기고
한해를 살면서 단 한 번이라도
나의 온기를 누군가에게 전했었나를
더 추워져 말문이 닫히기 전에
하늘을 향해 고백할 수 있다면
11월이 마냥 쓸쓸하지만은 않겠지.

겨울이 좋은 이유

겨울의 모습을 하고도
봄이 온 것처럼 마음을 속이는
봄은 야누스의 계절이지만
다 벗은 겨울은
더 감출 것이 없어
솔직한 모습 그대로여서 좋다

파란 여름의 옷은
헛된 야망을 키우지만
하얀 겨울의 옷은
인간애를 눈뜨게 한다

가을은 화려함과 풍요함으로
계절을 대표하지만
누구나 다 누릴 수 없는
차별적인 계절이기도 하다
신의 옷인 눈을 입는 겨울은
누구나 다 입을 수 있는
수평적 계절이어서 좋다.

등대의 노래

등대지기 천 씨가 해고되고 나서
간헐적으로 뛰쳐나오던
천 씨의 유일한 레퍼토리
바다가 육지라면 이란 노래도
함께 해고되었다
더 이상 등대가 필요 없어도 되는
최신장비를 갖춘 배들은
바다를 육지 달리듯 달린다
겨울을 견딜 수 있는 용기를
거룩한 심성을 간직하게 해주던
그 노랠 들으며 잠을 청하던 바다도
등대를 지키는 사람이 없는
등대가 불러주는 노래를
들으려 하지 않은 지 오래됐다.

제3부

꽃에게 길을 물다

신이 쓴 시

꽃을 보고 시를 쓰든
그림을 그리든
신을 먼저 알아야 한다
꽃은 신의 생각이고
신의 분신이기 때문이다
꽃을 보면서
신을 보지 못하고
꽃을 말하면서
신의 마음을 읽지 못하면
꽃을 볼 자격이 없다
신이 쓴 시가
자연의 염화미소
꽃. 꽃이어서가 아니다.

꽃에게 길을 묻다

별을 보며 소원 빌고
그리움을 삭이던 날은 갔다
별을 보고 길을 찾던
신비롭던 시절도 갔다
스스로 별이 되지 않으면
길을 찾기도 힘들고
한 몸 지키기도 어렵다
언제부턴가 나는
믿을 수도 보기도 힘든
전설이 된 하늘의 별보다는
지상의 별인 꽃에게
계절을 묻고 고해를 하고
삶의 의지를 배운다
어둠이 도둑처럼 찾아오는
도무지 길이 아닌 날엔
꽃에게 길을 묻는다.

꽃을 위하여

꽃을 좋아하는 친구를 만나
술잔을 기울이려는 순간
무의식적으로 튀어나온 말이
'꽃을 위하여' 라는 건배사였다
쉽게 나의 눈을 멀게 하여
무방비 상태로 만들더니
이젠 입술까지 점령을 한 것이다
자신을 위해 드는 잔도 좋지만
마음까지 빼앗겨 산 세월이
짧지 않았다는 점을 생각하면
나 아닌 누군가를 위하여
축복의 잔을 드는 것도
나쁘지 않다는 생각이 들었다
더욱이 그 대상이 꽃이라면….

야생화 지도

언제부턴가 내 머릿속에
지도 하나가 자라기 시작했다
매년 인연이 추가되면서
지도가 알차게 커지고 있지만
꽃을 사랑하는 방식이 다른
몰지각한 사람들이 있어
안타깝게도 지도의 일부가
찢겨나갈 때도 있다
모험과 대가가 요구되는
보물 지도는 일회성이지만
나의 야생화 지도는
우리가 함께 숨 쉬고 자라는
움직이는 생명체와 같다
야생화 지도가 잘 자랄수록
나의 꿈도 행복도 자란다.

꽃이 좋은 이유

꽃을 만나러 다니고부터
내 마음이 밝아졌다는 것
꽃이 밝지 않고서는
일어날 수 없는 일이다

꽃은 자기가 싫다고
남에게 해를 주는 일이 없다
심지어 해를 줘도 감내하는
착한 마음을 가졌다

꽃이 사람보다 위대함은
필 때와 질 때를 안다는 것
때를 안다는 것은
관조와 무소유를 배운
최고의 존재물인 것이다.

꿈의 향기

석가가 간파한 세상살이가
꽃을 가까이할 시간을
맘처럼 자주 허락하겠는가
휴대폰에서 만나는 꽃이라고
향기가 없다고
함부로 말하지 마라
어릴 적 뒷산에서 맡았던 향기가
오랜 시간을 거슬러 와
지금 내 앞에서 맴돈다
처음 보는 꽃이라 할지라도
비행기보다 빠른 속도로
상상의 날개를 타고 날아와
전에 맡아 본 적이 없던
꿈의 향기를 피워내고 있다.

시들지 않는 꽃

향기에 반응하는 것이
코끝인지만 알았다
짙은 향기라 할지라도
꽃이 다 지기도 전에
해체되어 사라져가지만
어릴 적 봤던 꽃이라도
사진 속 꽃일지라도
마음으로 맡은 향기는
오랫동안 잊히지 않고
불사의 꽃을 피워낸다.

야생화 2

안과 바깥이 구분되어 지고
관심과 무관심의 경계가 있다면
밖에서 태어나
무관심 속에서 꽃을 피우는
너무 작아 관심을 받지 못하고
이름 없는 들풀로 여겨지는
그래서 사람들은 그의
생명력을 노래하기를 좋아하고
그의 고독한 삶을 보면서
위로를 받으려 하는지도 모른다
그런 너를 좋아하는 것은
계절을 기다리는 꿈을 심어주고
고독한 나의 시간들을 향기로
키우고 채워주기 때문이다.

그림자꽃

그림자는 빛의 자식일까
어둠의 씨앗일까
그림자꽃을 보고서 나는
빛의 자식인 것을 알았다
빛이 있는 곳에 어둠이 있듯
화려한 꽃 뒤에 가려진
그림자꽃을 보고는
너는 복제된 생이 아니라
빛의 마지막 손길이 닿아
꽃으로 피어났다는 것을
화려한 옷을 입진 못했지만
춤을 출 줄도 아는
살아있는 꽃이 분명했다.

설중선(雪中仙)

눈 속에서 볼 수 있는
흔치 않은 꽃 중에
설중선이라 할 수 있는
꽃이 수선화다
날개를 활짝 펴고도
날아오를 생각은 않고
얼어붙은 땅을 향해
웃음을 마구 뿌리는
신선의 몸짓
그 웃음이 하얀 눈 되어
꽃. 설중선이 되었다.

꽃을 꽃으로 보지 못하고

이른 봄 노루귀 소식이 궁금해
해동이 채 되지 않은 등산화를 신고
구봉도 산자락을 훔칠 때
아직은 몇 개체 보이지 않는
노루귀를 쪼아 먹고 있는 새를 보았다
새의 울음소리가 맑고 깨끗한 이유
여기 있었구나 생각이 들면서도
더딘 겨울 용케 견디고
이제 막 꽃을 피우기 시작한
노루귀의 수난이 안타깝고 아쉬웠다
새에게는 꽃도 다 풀이겠지
꽃으로 보였다면 저리할까
세상 살아가기가 힘들지라도
내 목소리는 좀 탁해져도 좋으니
꽃이 꽃으로 보였으면 좋겠다.

꽃의 본능

홍화를 찍었는데
사진을 보니 청자가 찍혔다
자세히 보니 청자에 꽃도 꽂혔다
꽃이 시가 되려고
그 짧은 시간에 변신을 한 것이다
꽃은 그 자체로 시지만
더 좋은 시가 되고 싶었나보다
시인은 시를 쓰는 사람이 아니라
더 좋은 시를 쓰는 사람이다
홍화가 청자가 되고
청자 화병에 꽃이 자라고
이보다 더 좋은 시가 있을까
시는 꽃의 본능이다.

꽃의 주름

꽃샘추위가 시작되는 산골짝
그곳을 지키기 위해
서둘러 꽃을 피운
야생화의 얼굴을 보았는가
꽃의 생애를 볼 때
사람처럼 주름을 의식하지 않아도
곱게 생을 비울 수 있는데
오던 봄 되돌아가면 안 되니까
짧은 생애를 살다 가면서도
바람의 건조한 손길을
온몸으로 다 받아주며 견딘다
추위의 질투에도 애써
웃음을 잃지 않으려다 생긴
꽃의 주름은
완성으로 가는 길인 것이다.

꽃의 거울이 되다

강원도 오지 일단 지리적으로
나에게는 섬에 가깝다
해발 천 미터가 더 되는 산은
나에게는 무인도다
그곳에서 나를 부르는 꽃이 있다
추위와 고독을 견뎌내고
꽃을 피웠지만 봐주는 이 하나 없어
거울만 보다가 지는 꽃이 있다
그 꽃의 거울이 되어 주기 위해
꼬박 잠을 설쳐가며
새벽부터 시간에 줄긋기한다
나에게 그 꽃은 잠깐의 삶이지만
그 꽃에게 나는 한 생애이다.

천사의 입술

꽃이 보이기 시작하면서
전에 보지 못한 많은 것들을
볼 수 있게 되었다
그림 같던 평면적 사랑이
입체적으로 보이기 시작했고
단순함과 소박함으로
소외되었던 또 다른 아름다움
질리지 않는 꽃들을 보며
참된 아름다움이 어떤 건지
글로 사진으로 담을 수 있었다
꽃이 보이기 시작하면서
모든 꽃들이 샘을 가지고
목마른 영혼을 부르는
천사의 입술이라는 걸 알았다
꽃을 찾아 나서는 길은
마르지 않은 샘물을 찾으러
떠나는 것과 다르지 않다.

군자란

본받고 배워야 할 꽃이 있다
한줄기에서 여러 줄기로 갈라지고
줄기마다 꽃을 피워내기 때문에
많은 꽃들이 경쟁하듯 피지만
어느 꽃 하나도 도드라져 보이려
꽃 날개를 크게 벌려 잘났다고
과시하려는 짓은 하지 않는다
서로를 인정하고 공생하기 위해
일정한 크기의 언어와 몸짓으로
희생하고 양보하는 태도야말로
군자란에게 배워야 할 일이다.

바람꽃

짧은 바람의 생애를 닮아
바람꽃으로 피었나
바람이 지나간 자리에
꽃을 피워 바람꽃 되었나
바람꽃 피었다 누운 자리에
얼마큼 더 바람이 불어야
한 해가 가고
또다시 꽃이 필 것인가
변산부터 시작한 바람꽃이
팔현리 계곡을 지나
청태산 능선을 오를 쯤
족보 있는 바람꽃들이
다음을 기약한 채 사라지면
성(姓)을 갖지 못해 설까
대청봉 자락에서 늦게
눈 흘기며 피는
나 같은 바람꽃의 생애여

영춘화(迎春花)

봄을 마중하러 길을 나섰는데
언제 피었는지 영춘화가
봄빛과 수다를 떠느라 화색이다
나는 아직 봄 그림자도
밟아보지 못했는데
꽃은 벌써 겨울강을 건너와
세상 돌아가는 이야기에
귀를 기울이고 있었다
나는 봄에게 소식을 묻지 못하고
꽃에게 봄소식을 물어야 했다
꽃이 나보다 봄을 먼저 봤다.

나도바람꽃

바람꽃의 종류가 많지만
꽃들이 다투어 피는
사월의 어느 골짜기에서
나도 바람꽃이니 제발
알아봐달라며 대접해달라며
얼굴을 들고 항변하는 꽃
그런 너의 기도가 있어
나와의 인연이 시작된 꽃
나도 사람이니 제발
사람대접을 해달라고
사람이 꽃보다 많은 광장에서
피켓 들고 시위를 하던
나와 내 이웃들이 생각난다
순백의 미소를 머금고 핀
나도바람꽃 이제 너는
더 이상 속앓이를 말거라
너의 친구인 내가
바람꽃임을 인정하노니.

족도리풀

첫날밤 족두리 벗기는 것을
허용한다는 것은
상대에게 몸을 주겠다는 뜻이다
몸을 허락하는 것은
이미 마음을 열었다는 것으로
주술 같은 비밀의 언어를
해독할 수 있어야만
여자의 마음을 얻을 수 있고
첫날밤 족두리를 벗길 수 있는
기회를 갖게 된다
족두리를 닮은 족도리풀은
고대의 문자들처럼
난해하고 신비한 글자를 간직한
꽃의 경전이라 할 수 있다.

망해암 오르는 길

비봉산 자락에 자리하고 있는
삼성사-불암사-만장사-보덕사를 지나
조금 더 오르다 보면
해를 바라보고 좌정한 부처가 있는
암자 망해암이 속세를 굽어보고
편안하게 사람을 맞이한다
높은 산에 위치한 절은 아니지만
해마다 망해암에 오르는 사연이 있다
절 네 곳을 뒤로하고 나서
포장된 산길을 조금 더 걷다 보면
자신을 알아보는 이가 없어도
젊은 과부의 환생처럼 보이는 뽀얀 꽃
솜나물이 길섶에 위태롭게 피어
누군가를 기다리고 있는 것 같았다
말로 약속은 하지 않았지만
내년에도 이맘때쯤 망해암을 오르는
나의 모습을 볼 수 있을 것이다.

처녀치마

요즘 처녀들 치마는 짧다
그것도 성이 안 차는지
더 짧은 핫팬츠를 찾는다
세상이 바뀌고 유행이 변해도
치렁치렁한 치마를 고집하는
처자가 바로 처녀치마다
봄바람에 몸뚱이를 내주어
산발한 머리를 한 채
치마를 길게 늘어뜨리고
심산유곡에 터 잡아 산다
처녀가 좌선을 한다는 소문에
간혹 찾는 사람들이 있어도
세속을 등진 비구니보다
더한 엄숙함과 비장함으로
머리를 깊이 숙인 채
눈길을 주지 않는 그녀다.

뚜껑별꽃

쉰아홉에 처음으로 밟아본
제주의 빼어난 풍광은
내 눈을 쉼 없이 의심케 했지만
멀리 탐라에 가면 볼 수 있다는
뭍에서는 보기 힘든 꽃
청잣빛 자태의 너를 보고는
더 이상 경치가 눈에 들지 않았다
작은 바람에도 참지 못하고
나를 부르는 너의 음성은
항아리에 금이 가면서 터지는
환희의 웃음소리 같았다
낮에 수다 떠는 별이 있다면
너를 두고 하는 말이렷다.

은방울꽃

도레미파솔라시도
꽃에 음계가 조르르 매달려
숲속의 오후를 연주하고
사람들을 불러 모은다
예쁜 소리가 아니더라도
빛으로 화장을 하지 않아도
몇 십리 길도 마다 않고
찾아가 함께 노래하고 싶은 꽃
도로로 도르르 로로
내 가슴에
은빛 실개천이 되어 흐르네
내 몸에 물이 남아준다면
내년에 또 너를 찾으마.

선운사가 부르다

선운사가 몇 번을 불렀는지 모른다
간다 간다 약속을 하고
몇 번을 어겼는지도 모른다
동백이 필 때마다 불렀고
꽃무릇이 필 때마다 불렀어도
허기진 속세에 갇혀 살면서
선계인 도솔천에 발을 담근다는 것이
쉬운 일이 아니었다
선계는 마음속에 있지만
속세는 몸속에 있기 때문이다
백옥 같은 피부에 파란 눈을 가지고
도솔천 숲속을 밝히고 있는
외눈박이 수도승 나도수정초가
눈을 깜빡이지 않았다면
올해도 또 약속을 어겼을지 모른다.

기생꽃

태백에 유명한 기생이 산다기에
한 번 못 가보고 죽을 수도 있었던
강원도 오지의 땅을 찾아갔다
산중 바위 주위에 둥지를 튼 모습이
암자의 비구니들이 연상되었으니
기생들의 화려함과는 거리가 멀었다
오히려 단순하니 수수한 모습이
비싸게 굴지 않을 것 같다는 생각에
이리도 보고 저리도 보면서
여백의 미에 가까운 기생들의 웃음을
눈에 담으며 한참을 머물며 놀았다
오늘 네가 있어 나의 하루가 좋았고
초로의 노인이 이별의 아픔도
느낄 수 있었으니 기생과의 하루가
꿈만 같다 하지 않을 수 없겠다.

박쥐나무꽃

얼마나 한이 맺혔으면
죽어 꽃으로 환생했을까
능소화 소화의 전설이 그렇고
불쟁이의 딸 쑥부쟁이가 그랬다

눈 마주치는 것조차 쑥스러운
사랑하는 여인에게 해주고 싶었던
노리개 하나 지닐 수 없었던 사내
노리개를 달고 다른 남자의 여자가 된
여인의 얼굴을 훔쳐보며 견디다
끝내 설움을 이겨내지 못하고
죽어 노리개로 환생한 꽃

가장 아름다운 노리개로 환생하여
뭇 여인들 마음을 훔치는
박쥐나무꽃이 되었다.

닭의장풀

하늘이 제아무리 파랗다 해도
너의 모습만 하랴
기어이 하늘의 노여움을 사
땅으로 추방을 당하고 말았구나
질투 많고 밴댕이 속 하늘에게
할 말이 얼마나 많았으면
주둥이가 대빨이나 기어 나왔느냐
얼마나 하늘이 원망스러웠으면
아침나절 잠깐 얼굴 흘기고는
너의 모습을 보여주지 않는구나
하늘 세상만 세상이더냐
땅세상도 살만한 세상이란다
누렇게 변색해 가는 땅세상을
온통 파랗게 칠해야 하지 않겠느냐
사람들마저 똥색에 환장하니
파란 물감통 뒤집어쓰고
네 옆에서 퍼질러 자고 싶구나.

빛이 있는 곳으로

며칠 전 구봉도서 만난 참나리
씨앗이 터를 잡고 싹을 틔워
꽃을 피우기 위해 안간힘을 다해
빛이 있는 곳까지 줄기를 밀어 올리니
하늘의 손이 너를 잡아 주었구나
빛의 세례를 받으며 꽃 피울 날
이제 머지않았음을 나는 안다
목을 늘어뜨리고 기다리지 않아도
깨알이 시처럼 박힌 천사의 꽃을
자신을 위하여 먼저 피워내겠지
누군가 너를 보고 웃어 준다면
빛을 향한 너의 길고 긴 여정도
한 줄기 바람과 함께 날아가겠지.

풍접초

나비는 바람을 싫어하지만
풍접초는 바람을 반긴다
나비가 바람을 일으켜
풍접초가 되었다 해도 맞다
빛을 받아치며 추는 춤사위가
접무(蝶舞)로 보이지 않는다면
장님보다 나을 것이 없다
화관처럼 피는 풍접초는
기다란 더듬이를 가지고
바람이 오는 소리를 읽고
빛이 내려앉는 시점을 안다
꽃나비의 춤은 이래서
그 누구도 흉내 내지 못한다.

솔나리

여름의 4부 능선쯤에서
매미가 쨍하고 울면
기억의 한쪽이 재생하면서
가슴에 그리움을 심는 꽃이 있다
올해가 햇수로 3년째니
그리움의 무게도 만만치 않다
한 번도 직접 본 적이 없는 꽃에게
마음 빼기어 여름만 오면
가슴앓이나 하는 것이 고작인
뚜벅이의 삶이라 해도
고산지대 바른 곳에 터를 잡고는
나보다 더 무거운
그리움의 무게를 가슴에 품고
목을 길게 뺀 먼산바라기인 너를
아직 만나지 못한 이유가
너를 향한 내 그리움의 길이가
아직 그곳까지 이르지 못해
인연을 완성하지 못하고 있으니
그리움을 더 키워야 하리.

꽃이 된 버섯

화장이 지나친 버섯은
독버섯이라는 것쯤은 안다
어떤 독버섯은
꽃보다 더 화려하고 예쁘다
그렇다고 독버섯을
꽃이라 하지는 않는다
야생화를 찍는 사람들이라면
모기에 헌혈해 가면서
꽃처럼 사진기에 담아오는
버섯이 망태버섯이다
노랑, 분홍, 흰색의
그물로 된 드레스를 걸치고
여름 숲에 피어나
요조숙녀처럼 배회하는
꽃이 된 버섯이 있다.

계요등

나는 이 아름다운 꽃에서
오줌 냄새가 난다는 것을 모른다
사랑을 할 때도
만지지 않고 보는 것만으로
만족을 할 수 있다면
더 이상 욕심을 내지 않기에
꽃을 대하는 나의 태도도 같다
등을 밝히기 위해
오줌 냄새를 조금 풍긴다 하여
너를 닭오줌꽃이라 부르진 않겠다
장닭이 울면 새벽이 열리듯
오줌 기름을 태워
자홍색 별을 품은 꽃을 피워내
세상을 밝힐 줄 아는 꽃등.

해국

살 곳을 정해 어딘가에
터를 잡는 데는 다 사연이 있다
바다가 내려다보이는
바닷가 바위에 집을 진 해국
바다 건너 저편에
그리움의 주인이라도 사는지
해국의 몸짓에 따라
구름이 시시각각 변하며
저편의 소식을 알려주는 것 같다
갈매기 우는 소리에
배 들어오는 소리에
파도가 밀려오는 소리에도
귀를 열어 놔야 하기 때문에
잠을 이루지 못해
해국이 피는 바닷가 바위틈에는
늘
그리움이 반짝이며 산다.

산국열전

들국화란 이름으로
기억되는 꽃들은 많다
가을이면 산에 금가루 뿌리는
산국을 비롯하여
구절초, 개미취, 쑥부쟁이, 참취,
미역취, 감국 등이 그렇다
해국도 들국화이지만
바닷가 바위틈에 집을 가졌다는 이유로
당당히 해국이란 이름으로
분에 넘치는 사랑을 받고 있다
날 선 해풍을 맞으며
해국처럼 바닷가 바위틈에 피어
한철 사랑받고 싶어 하는
산국 열전이 눈물겹다.

좀딱취

꽃이 몹시 작긴 해도
태양을 닮은 꽃에
좀스럽단 말을 붙였을까
종족보존을 위해
꽃을 피워내지 않고
스스로 문을 닫을 줄도 아는
지혜로운 꽃에게

몇 개의 꽃이 모여
또 다른 완성된 꽃을 만드는
좀딱취 너를
직접 본 사람이라면
눈이 개화되어
좀딱취라고 부르는
무례는 하지 못할 것이다

빛도 몸을 감추어
바람조차 찾지 않는
적막한 산중에
요정의 언어들이 모여
고독한 시인을 기다리는
절제와 희생의 꽃
그곳에 시가 있었다.

쓰레기풀

어디서부터 떠내려왔는지
버려진 생의 언어들 쓰레기가
강 언저리에 작은 집을 지었다
그곳에 쓰레기풀이 들어와
가스 같은 먼지를 마시며
작지만 하얀 꽃을 피워냈다
화려한 의상을 걸치고
한 시절 풍미하며 살더라도
나눠줄 향기가 없는 삶은
척박한 땅에서 자랐어도
진한 향기를 몸뚱이에 품고
반짝이며 삶을 노래할 줄 아는
쓰레기풀을 입에 담지 마라.

문학세계대표작가선 863

신이 쓴 시

김성호 제6시집

인쇄 1판 1쇄 2018년 8월 27일
발행 1판 1쇄 2018년 9월 3일

지 은 이 : 김성호
펴 낸 이 : 김천우
펴 낸 곳 : 도서출판 천우
등 록 : 1992. 2. 15. 제1-1307호
주 소 : 서울시 성동구 무학봉28길 6 금용빌딩 2F
전 화 : 02)2298-7661
팩 스 : 02)2298-7665
http://moonhak.wla.or.kr
E-mail : chunwo@hanmail.net

값 10,000원

ISBN 978-89-7954-730-6

이 도서의 국립중앙도서관 출판예정도서목록(CIP)은 서지정보유통지원시스템 홈페이지(http://seoji.nl.go.kr)와 국가자료공동목록시스템(http://www.nl.go.kr/kolisnet)에서 이용하실 수 있습니다. (CIP제어번호: CIP2018026899)